AF488400

Por Vernice Walker, M. Ed.

Ilustrado por TullipStudio

Para mi papá, los miembros actuales y
pasados del Rodeo New Hope y la comunidad

Historia basada en eventos reales

RODEO

01

"R, O, D, E, O, pronuncia y dinos el significado de esta palabra",
me preguntó mi maestro de 4º grado,

Sr. Bradford. El Sr. Bradford fue mi primer profesor hombre y creo
que la mayoría de las chicas en nuestra clase y yo estábamos
enamoradas de él.

"R, O, D, E, O, no tenía idea de lo que significaba la palabra o cómo se pronunciaba. Nunca había visto esa palabra antes. Sin embargo, lo que salió de mi boca fue algo que mis compañeros de clase pensaron que era muy gracioso. Me sentí avergonzada. En lugar de adivinar, debería haber dicho simplemente, 'No lo sé'".

Faith & Hope era el nombre de la comunidad donde vivían mi Abuelo y mi Abuela. A menudo confundía Faith & Hope con Summit, porque los residentes usaban los nombres indistintamente. ¿Era Faith & Hope una ciudad o comunidad?

Cada viernes por la noche o sábado por la mañana, mamá empacaba nuestras maletas y viajábamos a la casa del Abuelo y la Abuela. Un Sedan de 4 puertas era el coche preferido de papá. Estaba super cargado.

Nos quedábamos los fines de semana en casa de nuestros abuelos, hasta que un día papá y mamá trajeron una casa móvil a nuestro propio terreno.

06

Abue era un agricultor. Cuando íbamos a visitar, mis hermanos y yo ayudábamos con la siembra, el deshierbe y la cosecha de su cultivo.

Lo que cultivaba del abuelo consistía en el melón más dulce, sandías de todos los tamaños,

ejotes morados, cebollas con tallos largos verdes, elotes, tomates rojos
rubíe y okra. Lo que tú quisieras; él lo cosechaba.
También había un espantapájaros en el poste de la
cerca que asustaba más que cuervos.
¡También me asustó!

08

Papá era un hombre ocupado. Él manejaba varios restaurantes en el pueblo.

Así que cuando estaba ocupado, los niños sabíamos que no debíamos molestarlo.

Él siempre estaba trabajando en algo importante. En aquel tiempo, estaba dibujando algo en una hoja de papel grande, usando reglas de todas formas y tamaños.

09

Estos fueron largos y calurosos días de verano. Se sentía como si estuviéramos trabajando durante el tiempo en que el sol estaba en su apogeo. Teníamos limonada fresca para beber después de completar nuestro trabajo, gracias a la abuela.

FAITH & HOPE
RODEO

Una vez que llegamos a la granja, los niños trabajábamos con el Abuelo en el jardín mientras papá y sus amigos estaban construyendo algo. No estaba segura de qué. Estaba usando la hoja en la que había dibujado usando las reglas de diferentes formas. Más tarde descubriríamos que papá estaba construyendo su propio terreno para rodeos.

Como diversión papá y mamá nos llevaban a ver eventos en otros rodeos cercanos. Tuvimos familiares y amigos que compitieron en eventos como amarre de ternera, derribe de toros, y jineteo de toros. Viajábamos a Boley, OK; Clearview, OK; y Tullahassee, OK; solo por nombrar algunos.

La mayoría de los rodeos tenían un club de jinetes,
y cada club tenía una reina que representaba al club
de equitación.

Los clubes viajaban de ciudad en ciudad, principalmente los fines de
semana. Cabalgaban caballos por el centro, como desfile. Cada club
tenía chaquetas de satín que combinaban con los nombres y símbolos
del club grabados en la parte posterior.

15

Los miembros del club montaban desde caballos cuarto de milla hasta
caballos Tennessee Walkers. Veíamos caballos en todas las tonalidades,
desde el marfil hasta el negro carbón, incluso caballos pintos.
Era emocionante verlos.
16

17

Después de que papá terminara de poner los toques finales a su terreno de rodeo, estaba listo para hacerle saber al "Club de Rodeo Faith & Hope" la necesidad de una reina. Había varias señoritas en la comunidad que cabalgaban y cuidaban de sus caballos, pero por alguna razón me eligió para representar a nuestro club.

Por qué me eligió, nunca lo sabré. ¿Una reina del rodeo de 10 años? Monté caballos pequeños o medianos que fueron domados. Este paseo se hizo con mis primos en nuestra granja y no dentro de una arena con los espectadores.

Para conocer a mi papá, algunos pueden describirlo como determinado, enfocado, especialmente durante la temporada de rodeo.

Él no era uno que tomaba el 'no' como una respuesta fácilmente. "Oh, será divertido", dijo. Todo lo que yo podía pensar era en qué pasaría si alguien de mi escuela o vecindario me viera en una brillante reunión. ¡Se burlarían de mi hasta el final! Tampoco estaba convencida de que sería divertido.

Papá podía ser persuasivo, incluso exigente, cuando quería. Yo tampoco me convencería fácilmente. Él y mamá salieron y me compraron un traje de pantalón de poliéster verde lima y un sombrero que combinaba. Todavía no estaba convencida.

FAITH & HOPE
RODEO
19

Conocía a algunas de las "Reinas" de los otros clubes de rodeo.
Hacían de todo con sus caballos, excepto dormir (¡algunas tal
vez sí!).

Yo no estaba tan apegada. Deben estar bromeando, pensé.
"¡Papá, nunca dije que estuviera de acuerdo con esto!"
"Espera, espera un momento, cálmate", dijo. "Tenemos suficiente
tiempo para practicar antes del próximo desfile", agregó. Tuvimos
varias semanas para practicar antes del gran evento.

Cada sábado, después de terminar nuestras tareas, se corrió la voz entre las "Aspirantes" de que estaría practicando en la arena vacía. Las Aspirantes consistían en primas, hermanas y otras personas que no montaban a caballo, pero tenían potencial para ser realeza del rodeo y que no fueron elegidas para representar al CRFH (Club de Rodeo Faith & Hope).

Papa entra en la arena con un caballo ensillado y con brida para que yo lo monte. Miré al caballo y luego a papá. "Oh, no lo harás; ¡no voy a montar ese caballo salvaje e indómito!

23

De todos los caballos que teníamos, ¡él eligió al más salvaje de todos! "Este es el caballo más bonito que tenemos", dijo papá. Había presenciado cómo este caballo tiraba a numerosos jinetes. De hecho, ¡papá lo usaba en el rodeo de práctica como un bronco que tira a los jinetes! No era una jinete experimentada, para decirlo suavemente, y ningún traje de pantalón de poliéster verde lima iba a hacerme pensar lo contrario.

Mamá estaba completamente de acuerdo con él, lo cual me sorprendió.

"Mamá, montaría a la yegua tuerta antes de montar ese caballo salvaje", Yo dije; pero papá la habrá convencido a ella también.

La fecha del evento se acercaba y aún no me había montado en el caballo. Papá estaba preocupado. ¿Tendría o no una reina del rodeo? Tenía que idear un plan, así que decidió montar el caballo y cansarlo antes de entregarme las riendas.

Se fue por un lado de la arena levantando una nube de polvo y tierra. Dio un par de vueltas alrededor de la arena; cuando se detuvo, papá parecía casi tan cansado y sudoroso como el caballo.
Yo aún no estaba lista.

27

A medida que se acercaba el día del rodeo, papá tuvo su última y final idea. Solicitó la ayuda de uno de mis primos mayores y más experimentados en monta—de caballos, Kevin, para que montara en el mismo caballo detrás de mí. En este punto, confiaba más en Kevin que en papá. Con él detrás de mí, me sentía segura de no ser derribada o mordida por el caballo.

29

Monté el caballo a toda velocidad con Kevin detrás de mí, levantando mi propio polvo y tierra. No tenía miedo, ni me preocupaba en absoluto. Miré a las Aspirantes. Parecían un poco decepcionadas. Esperaban ver algo digno de burla. No hubo mordida ni caída con mi compañero de monta, Kevin, detrás de mí.

Busqué detrás de mí a mi primo Kevin, pero no sentí nada. Lo busqué con la mirada. Miré hacia la puerta de entrada y allí estaba, agachado, señalándome con el dedo y riéndose como diciendo: "Al final no me necesitabas; lo tenías todo desde el principio".

33

La fecha finalmente había llegado. Había sudado a través de mi traje de pantalón de poliéster y papá había hecho lo mismo con su camisa blanca, perfectamente almidonada. Con el calor y la humedad combinados, debía de haber más de 100 grados sin viento en absoluto.

Papá decidió que saltaríamos el desfile en el centro de la ciudad, lo cual me pareció bien. El desfile de los clubes sería el siguiente. Este evento tendría lugar dentro de la arena. Pensé: "Si me caigo, no dolerá tanto. La tierra arada era suave y profunda". Después de que desfilaran las banderas estatales y nacionales, llegó el momento de la Gran Entrada. Estaba tan nerviosa como un gato en una convención de perreras. Sabía que mi primo Kevin todavía estaba montando detrás de mí. Esto me daba la misma sensación de seguridad que tenía en casa.

Y ahora, dijo el anunciador del rodeo (a todo volumen por el micrófono para que todos pudieran escucharlo) representando al Club de Rodeo Faith & Hope, ¡escuché mi nombre! El caballo desde la puerta de entrada salió como un rayo. Agarré mi sombrero tan fuerte como las riendas. Puse a mi caballo justo al lado de la exreina que había sido anunciada anteriormente, pero por alguna razón mi silla de montar se sentía más ligera.

Miré por las gradas a las multitudes de personas sentadas en las gradas. Estaba buscando a las Aspirantes. No pude encontrar a ninguna de ellas en ningún lugar.

37

¡No podía creerlo! ¡Monté el caballo yo sola! En lugar de que Kevin montara detrás de mí como habíamos practicado, mi primo saltó del caballo durante el anuncio y gritó: "¡CORRE!"

¡Lo logré! ¡No podía creerlo! Monté el caballo salvaje a toda velocidad por mi cuenta sin caerme ni ser derribada.

38

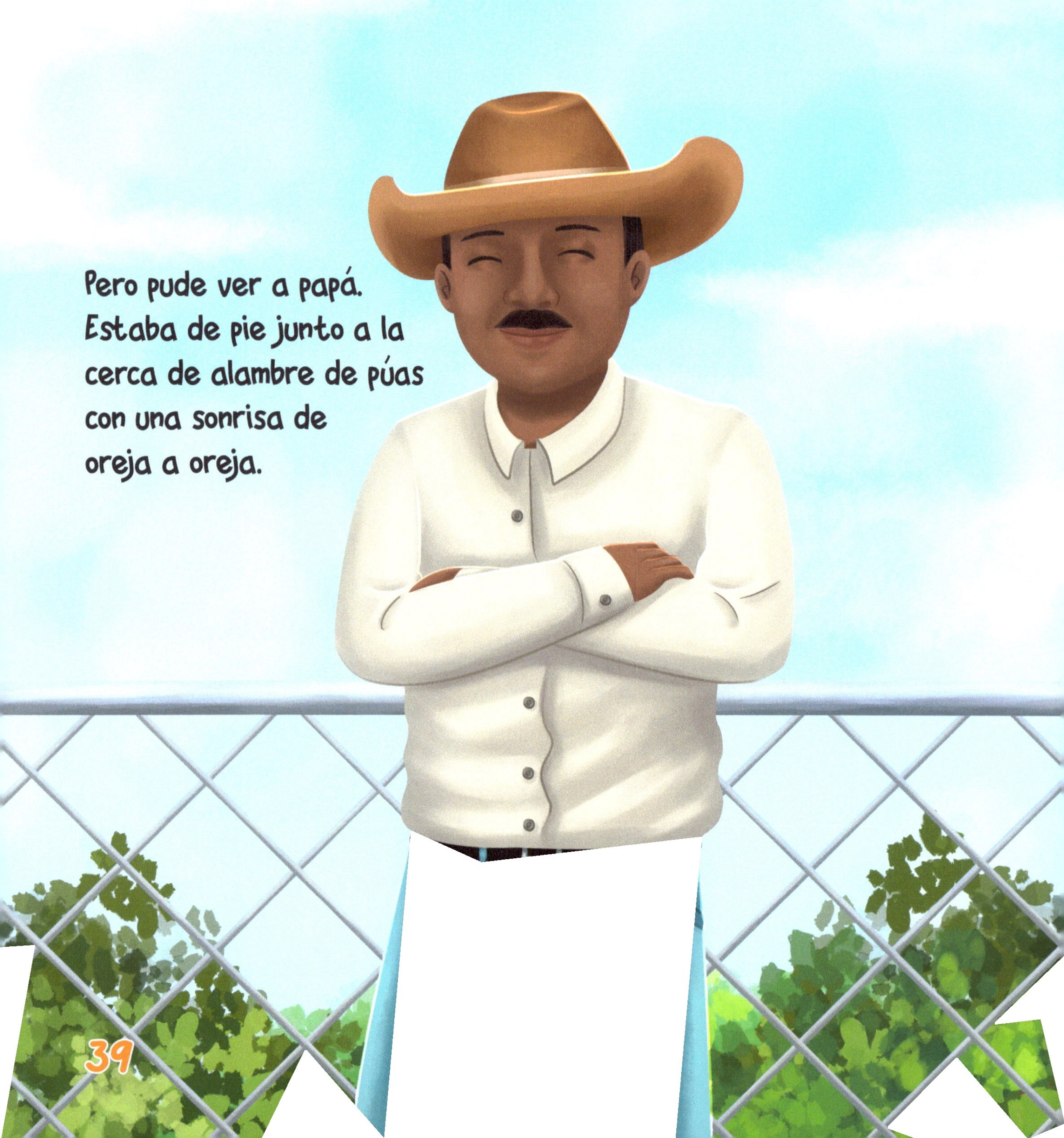

Pero pude ver a papá.
Estaba de pie junto a la
cerca de alambre de púas
con una sonrisa de
oreja a oreja.

40